PATRIOTISME et EGOÏSME

OU

LA POLITIQUE ET LES POLITIQUES

> En France, l'expérience est un flambeau qui n'éclaire que quand il a brûlé.
>
> (Guizot).

PAR

CH. TRESVAUX DU FRAVAL.

OCTOBRE 1877.

En vente :

A la Librairie MARY-BEAUCHÊNE et chez les Libraires.

PRIX : **15** CENTIMES.

LAVAL

Typ. Mary-Beauchêne, place des Arts et rue des Béliers.

1877.

AVANT-PROPOS

Pascal a dit : « le moi est haïssable. »

Quand un homme a éprouvé dans sa vie politique une de ces déceptions si communes, qui froissent l'amour-propre et jettent au premier abord dans le découragement, il n'est que trop porté humainement à faire retentir de ses jérémiades tous les échos d'alentour.

Mais, si faisant taire la voix de la nature, il élève son âme vers Celui qui n'abandonne jamais ses enfants dans l'humilité du silence, s'il met en pratique ce conseil de l'Ecclésiaste : « L'homme sage connaît le temps opportun, et se tait jusqu'à ce qu'il soit venu, » son cœur reçoit d'en haut, suivant la parole de David, « la consolation et l'allégresse, et ses os tressaillent de joie dans l'humiliation. »

Plus il s'oublie pour ne penser qu'à la chose publique, plus il dédaigne la pitié souvent feinte des hommes, pour ne chercher que la miséricorde infinie de Dieu; et plus ses regards, partant d'en haut, découvrent toute l'étendue des maux qui accablent la Patrie et pénètrent au loin dans le sombre horizon de l'avenir.

Il en est du monde comme d'une ville située aux pieds d'une haute montagne. Sans doute il faut la parcourir pour connaître ses maisons, ses rues, ses places; mais, si vous voulez la connaître dans son ensemble, gravissez la montagne, et non-seulement vous la découvrirez tout entière, mais aussi la campagne qui l'entoure.

De même le citoyen, qui, aimant son pays, cherche à le connaître pour lui éviter les dangers dont il est menacé, après l'avoir parcouru, étudié, doit-il gravir la montagne où Dieu règne, pour envisager, à la clarté de la lumière céleste, la situation dans son ensemble, et implorer le secours qui doit la sauver.

C'est ce que David nous enseigne : « J'ai levé les yeux vers la montagne, d'où nous viendra un jour le salut. »

Fort de ce secours divin, l'homme ne pense plus à ses propres blessures, mais aux plaies qui épuisent le pays. Son amour-propre se métamorphose en patriotisme, son égoïsme en charité. Il se voit, ce qu'il est en réalité, comme une pauvre petite unité dans la masse ; et il rougit d'avoir tant pensé à lui et si peu aux autres.

Tant que l'on a à combattre que contre ses adversaires religieux ou politiques, la tâche est douce et facile; mais, si les traits qui vous frappent partent de vos propres rangs, l'épreuve devient plus dure à supporter. Et cependant c'est la plus utile ; car elle amène l'homme à combattre contre lui-même. Or, c'est cette victoire sur soi qu'il faut remporter, si l'on veut devenir digne un jour d'aider à guider les autres. Le pieux biographe du P. de Ponlevoy nous le rappelle, en constatant « avec douleur qu'il y a tant d'hommes en France qui aspirent à gouverner les autres, sans savoir se gouverner eux-mêmes. »

Mais, si, comme chrétien, nous devons oublier nos épreuves et pardonner à ceux qui nous les ont infligées, nous devons aussi profiter de l'expérience qu'elles nous ont acquise pour notre propre direction, et pour celle des autres.

L'expérience ! Ah ! que de nos jours où la masse, légère, matérielle et incrédule, en a si peu tiré des dures leçons qui lui ont été données par la Providence, cette parole de Guizot est malheureusement trop vraie : « En France, l'expérience est un flambeau qui n'éclaire que quand il a brûlé. »

Profitons de la nôtre, pour empêcher nos concitoyens de brûler de nouveau. Et pour cela indiquons-leur le remède qui nous a guéri nous-même et qui nous donne le courage.

L'Ecriture nous en donne la recette dans cette parole : « Il est bon de se confier à Dieu plutôt qu'aux hommes. » Remarquez qu'elle ne dit pas il est *meilleur*, mais simplement il est *bon*, pour nous montrer que ce n'est qu'en Dieu *seul* que notre confiance n'est jamais déçue.

Peut-être notre parole pourra-t-elle paraître amère à quelques-uns ; car, comme l'a constaté Pascal, « la vérité nue déplaît. » Peu nous importe ! Nous ne cherchons point les flatteries, nous ne redoutons point les sarcasmes. Un écrivain consciencieux ne doit point s'étudier surtout à plaire et à se faire aimer; mieux vaut cent fois instruire et être estimé.

Trop d'autres, hélas ! dénaturent ou du moins déguisent la vérité, pour flatter le peuple, l'encourager dans ses vices, afin de l'exploiter ensuite à leur profit.

Toute étude sur la situation politique et sociale d'un peuple doit être un miroir, où chacun puisse venir chercher à se reconnaître. Nous ne faisons pas de la peinture complaisante, encore moins de la caricature, mais de la photographie. Tant pis pour ceux qui se trouveraient plus ressemblants que flattés. On ne brise pas sa glace, parce qu'un visiteur s'y est trouvé laid, pas plus qu'on n'éteint son flambeau, si une mouche est venue imprudemment s'y griller les ailes.

Nous cherchons avant tout à être vrai, convaincu que c'est le seul moyen d'être utile, et que les flatteurs sont aussi funestes aux Peuples-Souverains que Racine les trouve funestes aux têtes couronnées.

> Détestables flatteurs, présent le plus funeste
> Que puisse faire aux Rois la colère céleste.

CH TRESVAUX DU FRAVAL.

I.

Source du Patriotisme.

Voltaire que de nos jours on aime mieux enten-dre citer que l'Evangile, a écrit : « Rien de plus utile que la croyance religieuse. Nous sommes in-téressés à la graver dans tous les cœurs : *nulle société* ne peut exister sans elle. »

Mais, si cette vérité a été, est, et sera toujours indubitable, il serait injuste d'en attribuer la révélation à l'apôtre de la Révolution Française, à l'aïeul des Communards ; car longtemps avant lui l'apôtre des nations l'avait exprimée par cette parole : Tout pouvoir vient de Dieu. *Omnis potes-tas a Deo.*

Or, dans les choses humaines, comme dans les choses divines, tout s'enchaîne. Dieu, principe de toute autorité, la transmet à ceux qui sur la terre ont la mission de gouverner en son nom : le Pape, le Roi, le père, le maître, etc. Et, par un retour logique, tous les subordonnés, fidèles, sujets, enfants, serviteurs, etc., en obéissant au supérieur qui les commande, obéissent à Dieu, et non à l'homme.

Quoi de moins humiliant pour un être libre, quoi de plus noble, au contraire, que cette obéissance, qui ne s'adresse qu'à Dieu, ou à l'autorité de ceux qui ont le droit de commander en son nom ?

Dès lors la famille humaine est reconstituée, selon l'ordre et la justice, non-seulement au foyer paternel, mais dans l'atelier, dans l'Etat, dans l'Eglise.

Admirons l'effet premier et direct de cette union dans l'obéissance. Elle amène avec elle l'union naturelle de ceux qui sont soumis avec celui qui commande, et aussi de tous les égaux entre eux.

C'est ce qui s'appelle la Charité dans l'Eglise, le patriotisme dans l'Etat, la fraternité dans la famille, et aussi dans l'atelier comme dans toute association.

Vienne un danger : tous les frères se groupent entre eux, et se pressent autour de leur chef, comprenant que le danger qui menace le corps, menace chacun des membres, et demande, pour être repoussé, l'effort individuel et commun de tous ceux qui sont menacés.

Partout où vous voyez les peuples soumis à un principe d'autorité unique, s'accomplit cet accord salutaire ; et l'on voit fleurir ce patriotisme, qui releva les Autrichiens après Sadowa, qui, de nos jours, après des défaites aussi subites qu'imprévues, sauva encore la nation Russe, indissolublement unie autour du Czar, et lui a donné la force d'attendre patiemment l'heure de la revanche.

Il en est d'une nation comme d'une roue. Il est nécessaire, pour qu'elle existe et marche, que chacune des parties qui forment le cercle, soit unie aux autres, et ralliée au moyeu : détruisez cet accord, vous n'avez plus qu'un amas inutile et impuissant.

C'est grâce à cet union que l'on voit renaître partout la confiance, cet avant-coureur du triomphe ; le Roi a confiance dans son peuple, et le peuple dans son Roi. Et comment celui-ci ne l'aurait-il pas, puisqu'il sait que son autorité vient de Dieu, et qu'en lui obéissant ses sujets savent que c'est à Dieu qu'ils obéissent ?

Il faut que la confiance vienne d'en haut, comme toutes les autres vertus ; car, ainsi que l'écrivait Lamoricière : « Pour inspirer confiance aux autres, il faut d'abord avoir confiance en soi. » Ce sentiment ne peut venir que de Dieu ; donc Dieu est la véritable source du Patriotisme.

II.

Source de l'Egoïsme.

Ce qui détruit le patriotisme, c'est l'égoïsme, fruit, comme nous allons le voir, de la Révolution.

En effet, du jour où la Révolution, refusant de voir en Dieu le principe de toute autorité, l'a proclamé dans la masse, elle a remplacé l'intérêt général par l'intérêt particulier, et créé dans l'Etat autant d'Etats séparés qu'il y a de citoyens.

Un seul n'ayant plus le droit de commander à tous, au nom de Dieu, chaque citoyen n'a plus voulu obéir qu'à lui-même, et n'a plus eu qu'un souci : sauvegarder ses intérèts propres, sans s'inquiéter de l'intérêt d'autrui.

Dès lors plus de patriotisme, plus cette union qui fait la force, la division à l'infini, et sa conséquence, la ruine.

Voilà comment la Révolution a réduit notre pauvre France en l'état déplorable où elle agonise, empêche qu'elle ne se relève, et la livre au premier talon de botte, qui viendra l'achever, de l'intérieur ou du dehors.

La France n'est plus cette grande puissance, fortement unie par les liens du patriotisme et de la

Foi, qui marchait en tête des nations civilisées ; c'est un amalgame de trente-sept millions de petits états, où chaque citoyen est tout à la fois son Roi et son peuple.

Au jour de l'épreuve, au lieu de lancer nos traits contre l'ennemi, nous en frappons le Gouvernement qui nous régit, soit après une défaite, comme après Sedan, soit même après une victoire, comme au lendemain de la prise d'Alger.

Ainsi la Révolution réalise, au grand détriment de notre patrie, la menace de l'Evangile : « Tout royaume divisé contre lui-même périra. »

III.

La politique Française.

Y a-t-il maintenant une politique Française ?
Pas plus à l'intérieur qu'à l'extérieur.

Pour qu'il y ait une politique, il faut qu'il y ait un principe politique ; or il y a longtemps que nous avons brûlé tous les principes, même les *fameux*, dits de 89 : ce que veut la masse aujourd'hui, ou plutôt ceux qui l'égarent, ce sont leurs conséquences, c'est-à-dire les principes de 93.

Vainement vient-on vous dire qu'on veut aussi le respect de la Religion, de la Famille, de la Propriété, etc. Les Girondins le disaient aussi en 89, et ils ne sont arrivés qu'à amener la Terreur.

Un républicain avéré, le général Cavaignac, l'a dit : « Ce ne sont ni les paysans, ni les ouvriers des villes, qui ont dressé la guillotine, mais les Girondins. » Telle sera encore, si Dieu ne nous prend en pitié, le résultat que nous amèneront ces utopistes aveugles, qu'on nomme le Centre-Gauche, ou les Républicains modérés.

D'ailleurs, l'Ecriture nous enseigne que « celui qui sème le vent, recueillera les tempêtes ; » et saint Augustin ajoute : « Les pervers ont le pouvoir de faire le mal ; le pouvoir de *disposer* de leur mal ce pour tel ou tel but ne leur appartient pas. Il est aux mains de Dieu qui règle et distribue à son gré les ténèbres. »

C'est la conséquence forcée, pour un pays gouverné par des hommes sans principes, sans autorité, aujourd'hui au Pouvoir, et demain renversés, de ne plus avoir de politique Nationale. Autrefois il y avait une politique Française, traditionnelle, comme il y a encore une politique Anglaise, une politique Russe, une politique Allemande. Pourquoi? parce que celui qui gouvernait notre pays, n'était pas un souverain de passage, et que l'intérêt de sa race s'identifiait avec l'intérêt de la Nation.

De plus, il y avait un principe, sur lequel il s'appuyait, et un but qu'il voulait atteindre, but souvent poursuivi *depuis des siècles* par ses prédécesseurs.

L'illustre conférencier actuel de Notre-Dame nous démontre admirablement la nécessité de cette condition essentielle. « Celui qui gouverne parfaitement *doit* posséder la raison totale de son gouvernement, c'est-à-dire voir la fin vers laquelle aboutiront ceux qu'il conduit, les moyens par lesquels cette fin sera infailliblement atteinte, ordonner les moyens à la fin. » Ainsi parle le Père Montsabré.

La Révolution n'a-t-elle pas rendu cette tâche impossible à nos gouvernements successifs, en leur enlevant l'autorité, l'indépendance des actes et la durée ?

Aussi la politique change-t-elle avec chaque gouvernement qui surgit ; et encore, pendant son cours éphémère, se voit-il lié, paralysé, réduit à l'impuissance par les *braillards* égoïstes et incapables de la *Majorité*.

La Majorité ! Comment pouvoir espérer une politique sage et persévérante, avec cette légitime épouse du suffrage universel? Ah! si la masse était bonne, constante, respectueuse d'un principe d'autorité ! Mais la parole inspirée est toujours vraie : « Et le nombre des insensés est infini. »

Dès lors, à chaque fluctuation de l'opinion, à chaque mouvement des passions, correspond la venue de nouveaux gouvernements, de nouveaux ministres. Et nous avons eu les politiques Rouher, Olivier, Gambetta, J. Simon et tant d'autres, dont les souvenirs sont gravés dans notre histoire, au chapitre des défaites et des émeutes.

On abandonne la vieille tradition Française, la *franchise* comme l'indique son nom, pour se lancer dans toutes les petites ruses, habiletés, piéges, que Dieu réprouve, et dont les hommes eux-mêmes ne tardent pas à se moquer.

Un saint Religieux, à la fois profond philosophe, aux lumières duquel tant d'hommes hors ligne ont eu recours, et Berryer, et Ravignan, et Donoso-Cortès, etc., le P. de Ponlevoy, nous l'enseigne avec autant d'autorité que de modestie : « *selon mon petit jugement*, la simplicité est la meilleure des finesses, et la droiture la meilleure des prudences. »

C'est depuis qu'on a abandonné cette règle qu'il n'y a plus de politique française. A l'intérieur, nos ministres sont les esclaves de l'opinion qui dans le moment domine, comme des intrigants *à la mode*, qui souvent même convoitent leurs successions ; à l'extérieur, ils le sont des ministres de ces autres nations, qui ont eu le bon sens de conserver leurs formes de gouvernements, et leurs politiques traditionnelles.

Les guerres se font sans notre permission, les traités sans notre signature. Et nos petits grands hommes d'Etat recueillent le fruit de leur politique sans tradition, sans consistance et sans principes.

Nous ne comptons guère plus que la République du Val d'Andorre, dans les conseils de l'Europe.

IV.

Les politiques.

Si la grande politique française a disparu, en revanche il n'y a jamais eu autant d'hommes se disant des *politiques*.

Tout médecin, vétérinaire, avocat, dentiste, etc., fatigué de sa clientèle, quand elle ne s'est pas tout d'abord fatiguée de lui, tout grand ou petit propriétaire inoccupé, tout citoyen capable de lire un journal, ne serait-ce même que les annonces, si inconnu qu'il soit, et si peu qu'il ait fait, peut entrer dans cette carrière, pourvu qu'il soit *révolutionnaire.*

De toutes c'est la plus facile : on n'y exige ni talent, ni instruction, ni honorabilité (au contraire un petit démêlé avec la justice est d'un bon effet), pas même d'examen. Et elle peut vous conduire aux honneurs, à la richesse, à la renommée, aux plus hautes fonctions.

Cemmencez par vous *faire une tête*, par prendre des airs profonds, surtout quand vous ne comprendrez pas ce dont on parle, tâchez de passer pour un des favoris d'un personnage à la mode, ayez un bon estomac pour pouvoir boire et de l'argent pour pouvoir acheter les consciences, (dont Dieu est le ventre *cujus Deus est venter)* ; et vous arriverez.

Malheureusement ce n'est pas seulement dans le camp purement révolutionnaire que cela se rencontre ; tous les partis, même celui qui ne devrait pas porter ce nom, à moins de s'appeler parti Français, comptent de ces citoyens incapables, chez lesquels l'ambition tient lieu de conscience, l'ignorance de modestie, et l'orgueil de convictions. Hâtons-nous de constater que c'est, grâce à Dieu, dans le camp révolutionnaire, qui aime tant les majorités, que se trouve encore celle immense de ces *Boursouflés*.

Mais les autres n'en font pas moins de mal. Ils font retomber, devant le peuple, la responsabilité de leur nullité et de leur ridicule sur les causes respectables qu'ils croient servir, et empêchent ainsi le bien de se produire.

Nous n'ajouterons qu'un mot sur ce triste sujet : les meilleurs chrétiens sont ceux qui, par leurs paroles et leurs exemples, font le plus aimer la Religion ; les meilleurs royalistes, ceux qui font aimer le plus la royauté.

Ce ne sont point ceux qui répètent sans cesse :

« Seigneur, Seigneur, qui entreront dans le royaume des Cieux. » Ce ne sont pas plus ceux qui ont toujours à la bouche ce mot : « Le Roi ! », qui ramèneront la monarchie.

Pour revenir, la Religion, et aussi la monarchie ont besoin d'un réveil des consciences et d'un retour à l'honnêteté ; c'est donc à cela seulement qu'il faut travailler, si nous ne voulons que la Révolution n'arrive à ses conséquences logiques et terribles.

« Le désir de récolter soi-même caractérise le parvenu. Il ne peut s'identifier avec son successeur. Comme il ne trouve point avant lui les racines de sa puissance dans le temps, il n'a point foi après lui dans l'avenir du temps. »

Ainsi s'exprime M. d'Arnim, cet homme qui, après avoir persécuté le Pape, est devenu la victime de M. de Bismark, et auquel on s'est efforcé de fermer la bouche, du jour où il a commencé à voir et à dire la vérité.

Le portrait du parvenu est identiquement ressemblant à celui du Politique égoïste. Peu lui importe que ce qui doit couronner son ambition amène la ruine de sa patrie. Sa patrie, c'est lui-même, il veut jouir le plus vite et le plus longtemps possible. Peu lui importent les ruines qu'il laissera après sa chute, encore moins après sa mort. « En France, dit Al. de Musset, il est honorable d'être mauvais sujet. » Il étalera ses vices.

« En France, constate Berryer, il est méritoire d'avoir fait appel toute sa vie à la guerre civile. » Il y poussera le peuple, avec l'intention bien entendu de *s'en abstenir.* »

Bref, tandis que nos grands politiques passés ne voyaient, avant tout, que l'intérêt de la nation, nos petits politiques en chambre ne voient que le leur propre.

Au vieux cri de nos pères : Dieu et la France, ils opposent la maxime païenne : « *Hodie mihi, cras tibi.* Moi d'abord, et le pays ensuite. »

Quand on pense que les affaires de la France sont entre les mains d'une grande majorité formée de Politiques pareils, que peut-on logiquement espérer, et au contraire que n'avons-nous pas à craindre ?

V.

Quel Gouvernement est possible ?

Nous emprunterons, pour répondre à cette grave question, la voix si autorisée du savant et éloquent Evêque de Poitiers, parlant sur la tombe des soldats morts à Loigny : « Si le peuple ne revient pas au respect de l'autorité, *aucune forme* de Gouvernement : Royauté, Empire ou République n'est possible. »

En effet, qu'est-ce que gouverner ? Le Père Lacordaire nous répond : « Gouverner, c'est diriger des êtres libres vers leur fin. » A merveille : mais, pour diriger des êtres libres, il faut qu'ils usent de leur liberté pour obéir ; si au contraire ils refusent, qui pourra les contraindre ?

Evidemment aucune autre puissance que la force. Très-bien, lorsque la force est entre les mains de l'autorité. Mais, si nous revoyons, comme nous l'avons déjà éprouvé, la force passer entre les mains du nombre, qui pourra faire respecter la loi ?

Un des membres qui honorent le plus le Sénat, et par l'élévation de son caractère, et par la droiture de son jugement, et par l'éclat de sa parole, M. Chesnelong, nous l'a appris : « quand la loi a perdu sa force, c'est la force qui fait la loi. »

Voilà donc le gouvernement livré à la *force brutale*, sans pouvoir exercer aucun de ses devoirs, qui sont, comme nous l'enseigne encore le célèbre orateur Dominicain, le P. Lacordaire : « d'éclairer, de soutenir, de combattre ; éclairer les aveugles, soutenir les faibles, combattre les ennemis. » Dès lors, c'est l'anarchie qui règne, sans limites, comme sans freins possibles.

Il est curieux de voir que cet état, où nous conduiraient encore les hommes à utopies libérales, la plupart cependant sans s'en douter, est admirablement défini par un des docteurs de la Révolution, dont nos ennemis ne peuvent cependant nier la compétence, ni récuser la parole.

Voici ce qu'en pense Proudhon. « Désorganisée, désarmée, mutilée, la France a perdu jusqu'à *la notion* de son indépendance et de ses droits. Depuis *soixante ans* (c'était en 1849 qu'il écrivait), elle assiste aux tragédies de son gouvernement, réduite, pour toute initiative, à poursuivre ses maîtres tour à tour de ses *vœux* et de ses *malédictions.*»

Aujourd'hui la situation est-elle changée? ou plutôt les nouvelles crises qui se sont produites, n'ont-elles pas rendu le mal plus profond, et la ruine plus menaçante?

Mais, me direz-vous, il existe et il existera toujours un pouvoir pour faire des lois. Oui, mais quel sera ce pouvoir? et quelles seront ces lois? Un pouvoir aux mains de pétroleurs! Des lois contre le droit et la justice!

Ecoutez ce que dit de pareilles lois un des plus vieux républicains du monde, type de ces républicains vraiment honnêtes, dont l'espèce a aujourd'hui presqu'entièrement disparu. Cicéron le déclare: « Une loi injuste n'est pas plus une loi que ne le serait un *complot de larrons.* »

Le jour où les Naquet, Bonnet-Duverdier, doublés des Ranc, des Rochefort, des Pyat, et autres revenants de la Commune, décrèteront les lois, au nom de la force, comme ils ne seront revêtus d'aucune autorité, le devoir de tout bon Français est, non seulement de leur désobéir, mais de les combattre.

Voilà donc où nous amèneront les sinistres rêveurs de la République conservatrice, ce gouvernement qui finit toujours (Thiers l'a déclaré lui-même) « dans le sang et l'imbécillité, » à l'impossibilité de tout ordre durable et à la guerre civile.

Or, la guerre civile, c'est la Patrie qui se suicide, c'est le sang français qui coule des deux côtés, c'est l'épuisement de nos forces dans un de ces combats, où, comme dit Tacite, dans la vie d'Agricola, « *Universi pugnant, singuli vincuntur.* » « Tous combattent et chacun est vaincu. »

Ce n'est pas dans une assemblée Française, mais en Prusse qu'il faudrait envoyer siéger et faire leurs expériences ces destructeurs de tout gouvernement.

VI.

Y a-t-il encore des carrières ?

Autrefois on disait, en France, comme on le dit encore dans les autres pays : faire sa carrière.

Aujourd'hui il n'y a plus de carrière ; ou, s'il en existe, ce ne sont plus ces chemins ouverts et assurés, où tout citoyen avait droit d'espérer parvenir par son travail, son intelligence et son honnêteté, à une position honorable, respectée et avantageuse ; mais des sentiers escarpés, où il faut garder un équilibre, aussi difficile que peu digne, sous peine d'arriver trop tôt au terme de sa carrière, c'est-à-dire au fond du précipice.

En vain aurez-vous subi des examens préparatoires, en vain montrerez-vous les plus heureuses dispositions, en vain possèderez-vous déjà une expérience laborieusement gagnée, en vain ferez-vous valoir des droits acquis et concevoir les plus légitimes espérances.

Il s'agit bien de droits et de services, ceci regarde la patrie ; la condition essentielle, c'est que, prêts à violer vos serments et à étouffer les cris de votre conscience, vous soyez disposés à accueillir, à flatter, à approuver les nouveaux parvenus, entre les griffes desquels une Révolution viendra faire échouer le Pouvoir.

Qui pourrait s'étonner après cela du désarroi dans lequel sont tombées nos administrations, et du peu d'empressement que les jeunes hommes capables et honnêtes montrent à y entrer ? Ce qui étonne, c'est qu'on en trouve encore : il faut qu'ils y soient poussés par le besoin ; ou, et c'est encore commun, grâce à Dieu, par le patriotisme le plus désintéressé.

Thiers, qui tant de fois s'est contredit dans sa vie, parce qu'à une haute intelligence il joignait l'absence totale de principes, et que, s'il aimait beaucoup son pays, il s'aimait lui-même encore bien davantage, a défini d'une façon très-exacte ce sentiment de défiance qui nous envahit, par ces mots : « C'est qu'il ne faut jamais prendre pour définitif, c'est-à-dire au sérieux, tout ce que fait un peuple en Révolution. »

Or, comme nous sommes perpétuellement dans cet état, il est impossible de compter sur la stabilité, ni sur le sérieux d'aucune position.

Voilà pourquoi nos administrations viendront à manquer tout-à-fait de sujets, si cet état continue, et surtout de sujets d'élite.

VII.

De l'abaissement des caractères.

Ce qu'il nous faudrait maintenant, ce seraient des hommes, dignes de ce nom qui, se mettant au-dessus des incertitudes de l'avenir et des découragements du présent, n'écoutassent que la voix du devoir, et qui, pleins de confiance en Dieu et de patriotisme, fussent décidés à supporter les mépris, les injustices, les persécutions même, jusqu'à ce que leurs consciences, mises en présence du sacrifice ou du déshonneur, les amenassent à se faire *casser*, pauvres mais honorables.

Malheureusement, dans un siècle où la Foi décroît, entraînant avec elle le sentiment de l'honneur et l'amour du sacrifice, de pareils caractères sont des exceptions.

Nous appellerons en témoignage de cette vérité un autre des pères du radicalisme, Jean-Jacques Rousseau, dont la parole devrait cependant faire autorité auprès de ses disciples en révolution. Après avoir établi « que jamais Etat ne fut fondé sans que la Religion ne lui servît de base, » il ajoutait, dans une lettre à d'Alembert, un des empoisonneurs de l'Encyclopédie : « Je n'entends pas qu'on puisse être vertueux *sans religion.* »

Singulier contraste ! Cette nécessité de la Foi pour former et soutenir les grands caractères, nous la trouvons exprimée dans une bouche vénérable, de laquelle, cette fois, nous ne sommes plus étonnés de l'entendre, dans celle du P. de Ravignan, qui nous dit : « Quand une âme prie, il n'y a pas de grande chose dont elle ne soit capable. »

Peut-on établir une vérité avec des témoignages puisés à des sources plus opposées ?

Pascal, qui cependant a précédé de près d'un siècle nos révolutions, semble avoir prévu les conséquences mortelles qu'elles devaient avoir sur l'effondrement des caractères; il nous dit : « Je préfère de beaucoup le vieux au nouveau ; car le vieux, c'est Dieu ; le nouveau, c'est toi. Le vieux c'est la vérité prouvée ; le nouveau, c'est l'assertion sans preuve. Le vieux fait des hommes, des citoyens, des cœurs, des héros ; le nouveau ne fera jamais que des furieux, des malheureux, des enragés et des sauvages. » Des furieux ! on pense de suite à Gambetta, celui que Thiers avait baptisé : « Le fou furieux, » avec tant de justesse.

Quand on se reporte à l'époque où le grand philosophe chrétien français écrivait ces lignes, et que l'on voit notre état actuel les justifier si exactement, ne serait-on pas tenté de croire que Pascal était prophète ?

Une des causes de cette mollesse des jeunes hommes vient de la façon efféminée dont ils ont été élévés dans leur enfance. Lamoricière a écrit : « C'est *pour eux* qu'il faut aimer ses enfants. » Malheureusement trop de mères les aiment pour elles-mêmes, on pourrait dire s'aiment en eux. Femmes restées petites filles, elles voient dans leurs enfants de nouveaux *joujoux*.

Au lieu de corriger leurs vices, et de développer leurs germes de vertus, elles évitent ce qui peut les contrarier, les faire pleurer, cédant à leurs larmes ou à leurs caresses. Dès lors ils deviennent égoïstes, volontaires, paresseux, insouciants. L'arbre qui n'est pas redressé dans sa jeunesse, restera tort toute sa vie ; il en est de même de l'enfant.

De là cette génération d'hommes, chez lesquels les défauts, laissés dans le premier âge, n'ont fait que grandir avec eux, et sont devenus des vices.

Aussi ne voit-on de tous côtés que des hommes vicieux, ou du moins des citoyens inutiles.

Qu'on cite nos grands généraux, nos grands orateurs, nos grands philosophes, nos grands artistes, nos grands poètes.

A peine possédons-nous des miniatures, je ne dis pas seulement des hommes du siècle de Louis XIV, mais même de ceux du commencement de ce siècle, tant la décadence va en s'accélérant. Peu à peu ceux qui restaient ont disparu, ne laissant personne qui les remplace ; et, de toute cette école de la Restauration, à peine quelques vieillards se survivent qui, comme Victor Hugo, ne sont plus que les *crépuscules* de leurs beaux jours finis.

Il faut aussi le remarquer, les caractères sont partout éteints par cette jalousie égalitaire, qui vient, comme la *teigne* dans la luzerne, étouffer la plante au moment où elle allait prendre son essor et se développer.

On dirait que la vue d'un homme de valeur et d'énergie est comme une condamnation pour toutes les nullités et les défaillances contemporaines.

Paul Féval, cet homme dans lequel, sous la forme d'un romancier, on découvre à chaque ligne le penseur profond et le philosophe chrétien, a écrit : « En quel siècle voulut-on comprendre que le rire des uns est justement la chose qui tue ? » Ce n'est pas dans notre siècle assurément ; et pourtant jamais cette remarque n'a été plus saisissante.

Ne pouvant rien être eux-mêmes, la plupart des *nains* qui forment la masse ne cherchent qu'à empêcher ceux qui pourraient arriver à produire quelque chose d'y parvenir. Comme ces enfants égoïstes qui, privés de dessert, jettent la salière dans le plat, pour en priver les autres.

A peine un homme, par ses services, par son dévouement, par la droiture de sa conduite, etc., est-il arrivé à gagner une légitime influence dans son pays, qu'il se voit ridiculisé, calomnié, démoli, réduit à l'impuissance.

Ah ! ce ne sont pas les hommes qui travaillent contre la Religion, contre la société, contre le droit qu'on traitera d'*ambitieux*, on trouve tout naturel que leurs complices les soutiennent, les exaltent, quelque nuls qu'ils soient. L'ambitieux c'est l'homme qui a cherché et cherche encore à faire le bien au prix de son repos, au prix de sa fortune, au prix de son sang, parce qu'il aime Dieu et la France.

Aussi l'éloquent évêque d'Angers, Monseigneur Freppel, le fondateur de cette Université catholique, qui donne déjà tant de consolations, et fit concevoir de si grandes espérances, l'a-t-il douloureusement constaté : « La haine des homme vicieux ne s'attache d'ordinaire qu'à la vérité c à la vertu. »

Ce mal vient de l'égoïsme, fils de l'orgueil, frère de l'incapacité, père de la jalousie ; on réfère la ruine générale plutôt que de voir le salut arriver par d'autres mains que par les siennes propres.

Dès lors les caractères les mieux trempés s'émoussent au sarcasme, se découragent devant l'ingratitude et le dédain. Tant d'hommes qui auraient pu être utiles, deviennent impuissants. Et il ne reste plus, pour soutenir le bon combat, que le petit nombre de ceux qui, voyant dans la lutte un devoir de conscience, cherchent dans la Foi qui a vaincu le monde, leur consolation, leur espérance et leur appui.

VIII.

Du cléricalisme.

Nous touchons ici à la grosse question, pour ne pas dire à la grande faute et à la grande lâcheté !

Et d'abord, qu'entend-on par le Cléricalisme ? Sans doute ceux qui se servent de ce mot seraient aussi embarrassés pour le définir que ceux qui crient contre le Syllabus, et ne l'ont même pas lu.

Dernièrement, Sa Sainteté Pie IX, cette vénérable victime de la Révolution, qu'il exaspère par son calme et par sa fermeté, engageait ses visiteurs à se méfier des hommes qui se servent de ce nom, ajoutant que, pour la plupart d'entre eux, le Cléricalisme est un mot inventé pour déguiser le

Catholicisme. De même que nous avons vu en Italie ceux qui prétendaient ne s'attaquer qu'au Pouvoir temporel, une fois celui-ci renversé, s'attaquer aujourd'hui au Pape et au Clergé.

En France, c'est la même chose. Ceux qui poursuivent de leurs injures, de leur haine, de leurs menaces les cléricaux, malgré le respect hypocrite qu'ils affirment dans leurs proclamations, pour tromper les électeurs, en veulent à l'Eglise, et en dernier ressort à son Chef, qui est Dieu.

D'ailleurs, ils sont logiques. Enfants de la Révolution, qui vient de Satan, ils doivent s'attaquer au Christ, qui est le Chef de l'Eglise. Méconnaissant toute autorité, ils doivent s'en prendre à Dieu, qui en est le principe.

Dieu ! voilà le grand obstacle à la réalisation de leurs sinistres projets. Au contraire, du jour où ils auront enlevé à la France sa foi, leur œuvre s'accomplira d'elle-même.

Un homme qui les connaissait bien, et qui était républicain cependant à cette époque, illusion dont les folies de la démagogie l'ont bientôt fait revenir, l'avouait avec sa franchise accoutumée : « La France est catholique, disait Lamoricière ; et, si elle ne l'était pas, elle deviendrait *socialiste*. »

Et l'Empereur schismatique Nicolas, le czar de Russie, lui, qui avait tant de fois persécuté les catholiques dans ses états, songeant aux dangers que ferait courir à l'Europe l'établissement du socialisme en France, lui répondait : « Somme toute, j'aime encore mieux vous voir catholiques que socialistes. »

Pour M. de Bismarck, c'est autre chose. Comme avant tout il ne désire qu'une occasion de nous donner le coup de grâce, sous prétexte d'intervenir, il est ravi de voir les radicaux attaquer le *Cléricalisme*.

Car il comprend fort bien, ainsi que l'écrivait le courageux et clairvoyant député de Belfort, M. Keller, que le jour « où la *fusion* sera faite entre Dieu et la France, les passions politiques qui nous séparent s'évanouiront ; car elles ont pour aliment l'oubli, la peur ou la haine de Dieu. Ce jour-là, notre patrie sera grande, *libre* et glorieuse. »

Tous les hommes sensés en France savent parfaitement que telle est la crainte des radicaux, et que c'est parce qu'ils savent la France encore trop attachée à la Foi de ses pères, qu'ils ont inventé le mot *Clérical*, pour couvrir leurs attaques contre les Catholiques.

Un journal anglais le déclarait, à propos de la mort de Mme Louis Blanc, l'*Evening-Standard*, de Londres : « Le respect de la religion, du mariage, des morts n'existe plus pour les radicaux. La Religion est une plaisanterie, ou une honte, le mariage un esclavage, la mort une occasion de *manifestation politique*. »

Aussi, s'ils prévalaient, nous reviendrions à l'état

barbare qui précéda la venue du Christ. Et Chateaubriand avait bien raison de s'écrier : « Quel serait l'état du genre humain si la Religion chrétienne n'avait pas paru sur la terre ? »

Du reste, ce n'est pas plus le Catholicisme que toute religion réprimant les passions et condamnant les crimes, que les radicaux veulent détruire.

Hier encore, il fallait à Paris que ce fussent les Catholiques qui rétablissent le budget des ministres protestants, supprimé par le Conseil municipal, où ils sont les maîtres. Les infamies qu'ils y décrètent sont un avant-goût de toutes celles qu'ils nous réservent, s'ils viennent à s'emparer du pouvoir en France.

La Franc-Maçonnerie a supprimé Dieu (qui ne cessera pas heureusement d'exister pour cela), à la majorité des voix.

Ce serait grotesque, si ce n'était aussi triste !

Toutes les circulaires de cette société, l'*Internationale*, que les candidats républicains veulent traiter de fable, quoiqu'ils trouvent excellent de se faire nommer par elle, sont remplies de la haine, de la négation de Dieu.

Dernièrement, dans une excellente commune rurale, un des émissaires du Comité démocratique (lisez, radical), souillait les murailles de la profession !!! de foi de son candidat. Une altercation s'engage entre cet étranger et des femmes honorables, habitant la bourgade. Poussé à bout, le malheureux, après avoir épuisé tout son répertoire de grossièretés et d'injures, finit par lâcher ce blasphème : « Eh bien ! oui. Vous êtes pour le bon Dieu, et moi je suis pour *le Diable.* »

Joli compliment pour son candidat, qui cependant affirmait dans son *boniment* qu'il était pour la Religion, la Famille, la Propriété, l'Ordre, etc., etc., etc.

Le vénérable Archevêque de Paris, le Cardinal Guibert, ce digne successeur de tant de prélats si saints, et hélas ! trop souvent martyrs, nous donne ce conseil : « Il faut laisser nos adversaires se déshonorer, et soyez sûrs qu'ils ne manqueront pas de le faire; car il y a une *logique du mal* à laquelle on ne saurait se soustraire. »

De fait, les radicaux sont logiques dans leur haine contre le Catholicisme. Mais ce qui est illogique, ce qui est pour le monde le spectacle le plus honteux, c'est de voir *des catholiques,* sachant que leur religion et leurs prêtres sont le but des attaques de la Révolution, et leur dernier rempart contre elle, oser, devant la France, se joindre à leurs insulteurs, et répudier toute solidarité avec l'Eglise.

Quand nous avons vu employer de pareils moyens, pour soutenir des candidatures *conservatrices,* nous n'avons pas douté un instant du résultat des élections ; et nos craintes ne sont aujourd'hui que trop justifiées.

Lamoricière, qui avait eu ses illusions dans sa jeunesse, illusions héroïquement et saintement rachetées depuis, le proclame : « L'accouplement de la Foi et du Maçonnisme, de l'Eglise et de la Révolution, est pire que l'impiété franche, devant laquelle on recule. »

Quoi ! vous rougissez de Dieu et de ses ministres ! Mais au nom de qui exercez-vous donc l'autorité ? Et quel principe voulez-vous que le Peuple respecte en vous ?

Les radicaux le perdaient ; vous, vous l'affolez ?

Rappelez-vous cette parole, qui restera, quand vous serez depuis longtemps passés : « Celui qui rougit de moi devant les hommes, un jour je rougirai de lui devant mon Père. »

Ne cherchez pas ailleurs la cause de votre insuccès.

Un homme, qui occupa le pouvoir suprême, et qui, lui, mourut sur le trône, laissant à son fils un gouvernement fort et respecté, David, vous avait avertis : « Si Dieu n'est avec vous pour établir votre gouvernement, c'est en vain que vous chercheriez à l'établir. »

IX.

Les Élections.

Nous avons vu dans quel état se trouve la

France : l'égoïsme partout, le patriotisme nulle part ; la politique traditionnelle envolée avec les principes sur lesquels elle s'appuyait ; une foule de petits *nains politiques*, avec chacun leur système, dont l'intérêt personnel est le mobile et le but, le pouvoir en échec devant la majorité de la Chambre, les administrations peuplées d'indifférents, parfois même d'adversaires, les caractères manquant partout ou du moins presque partout découragés, la Religion attaquée avec furie par les radicaux ; faiblement défendue, sinon lâchement abandonnée par ceux qui ont le plus d'intérêt à la soutenir.

Et c'est dans de pareilles circonstances que l'on a osé faire appel au suffrage universel ; bien plus, que l'on s'est aveuglément flatté d'obtenir un bon résultat !

Un homme éminent nous le disait, il y a trois mois : « Avec le suffrage universel, les peuples se donnent les gouvernements qui leur ressemblent.»

Ce que l'Ecriture d'ailleurs nous apprend par cette parole : « Un mauvais arbre ne peut donner de bons fruits. » D'où il résulte que d'un peuple aveuglé, divisé, sans principes, il ne peut sortir, du moins pour la majorité, qu'une Chambre aveugle, divisée, sans principes comme lui.

Sans doute on espérait que le souvenir de la Commune éclairerait sur le danger de voir revenir de pareilles horreurs. Dans un patriotique et chaleureux appel aux électeurs, l'éloquent évêque d'Orléans s'écriait : « Quelle est la famille, quel est l'individu, quelle est la fortune qui n'a pas eu à souffrir de la guerre et de l'invasion ? »

Mais l'étude des dispositions du peuple démontrait que ces dures leçons avaient glissé sur ses épaules, sans laisser de traces dans sa mémoire; comme la lumière glisse sur les murs d'une maison fermée, sans en éclairer l'intérieur.

Le Coryphée du Radicalisme, cet homme bien digne de nous gouverner de nouveau, d'après le proverbe que « dans le royaume des aveugles, les borgnes sont rois, » ne cachait cependant pas la vérité. Défiant le pouvoir, il s'écriait : « Vous avez l'armée, vous avez le clergé, vous avez la magistrature, vous avez le Pouvoir; mais vous n'avez pas le *suffrage universel.* » Et il disait vrai.

Les hommes simples, qui ne raisonnent qu'avec le bon sens et la logique s'en apercevaient; mais les habiles ont dans leurs moyens une telle confiance qu'ils ne peuvent même un instant admettre qu'ils puissent échouer.

Du reste, les moyens employés n'ont pas été plus heureux que le choix du moment. Toujours les demi-mesures! nos ennemis nous ont pourtant assez appris que ce n'est pas ainsi qu'ils procèdent, quand ils sont au Pouvoir. On a frappé quelques têtes sans toucher aux corps qui souvent étaient encore plus gâtés; on a déplacé quelques mauvais serviteurs, mais pour les replacer ailleurs ; on a destitué quelques administrateurs dangereux, mais alors que le mal était fait, et juste à temps pour qu'ils puissent se poser en victimes. On voit d'ailleurs aujourd'hui le résultat de ces demi-moyens.

Et, malgré cela, on se croyait sûr du succès. Ne dirait-on pas de jeunes élèves, qui se croiraient assurés du prix, parce qu'ils ont fait les deux pre-mières lignes de la composition ?

Puis on avait si bien choisi les candidats !

Sans oublier le précepte que nous lisions dans la vie d'un saint personnage « qu'il faut prendre garde, sous prétexte d'aller droit à la vérité, de tourner le dos à la charité », mais pour être utile aux candidats futurs, nous allons étudier comment s'établit une candidature.

Pour choisir un candidat, on ne choisit pas la doctrine : « *Vox Dei, ex consentu populi,* » c'est-à-dire qu'on ne recherche pas, je ne dirai pas ses droits passés (il n'y en a pas d'absolus), mais du moins les motifs qui militent en sa faveur ; pas plus qu'on ne considère s'il est connu, estimé, s'il a rendu des services, s'il a donné des raisons de compter sur son dévouement.

Ce choix se fait par une coterie, c'est-à-dire par, non pas une poignée, ce serait trop, mais par une *pincée* d'hommes remuants, qui aiment tel individu, détestent tel autre, et s'intitulent majestueusement *la voix du peuple, vox populi.*

Ces braves citoyens commencent par démolir de toute pièce le candidat qui leur est désagréable, et dans l'opinion publique, et près des personnages influents, et près des autorités, et à l'oreille du Préfet, et dans le cabinet du ministre, pour exalter celui qu'ils veulent, qui peut être (c'est encore heureux) le plus honorable des hommes, mais qui souvent n'y pensait pas plus qu'à aller remplacer le coq de son clocher.

Dès lors, sans consulter la masse des hommes honnêtes, *e finita Comediæ*, le tour est joué.

Naturellement, il n'en est pas ainsi dans les colléges, où un candidat est tellement soutenu par ses amis politiques, que l'on sait en *haut lieu* que toute autre candidature conservatrice serait impossible ; et heureusement ces colléges sont encore nombreux.

L'Histoire Sainte nous rapporte que le Patriarche Noë ayant abusé du jus de la vigne, dont il ne connaissait pas les dangereux effets (comme cela se fait encore en temps d'élections), s'endormit dans un état qui rappelait trop la coutume de son aïeul le père Adam.

Ses enfants, l'ayant aperçu, s'empressèrent de le couvrir, excepté Cham, qui ne le couvrit que de sarcasmes.

Hélas ! si de nos jours les radicaux imitent les

pieux enfants de Noé, que de conservateurs imitent Cham !

Tandis que les premiers s'efforcent de cacher les défauts de celui qui toute sa vie a combattu pour eux, les seconds ne pensent qu'à les découvrir et à les faire voir. Des moindres imperfections ils en font des vices ; s'il fait quelque chose de louable, ils s'empressent, en revanche, de le cacher ; ils lui ferment la bouche, pour qu'il ne puisse se défendre ; enfin, ils vont crier et répéter partout : « Quel excellent homme que Monsieur Un tel ! Malheureusement il n'a aucune chance ; il est tout à fait impossible ! »

Ces paroles, du reste, appliquées à la Monarchie, lui ont fait plus de tort que toutes les clabauderies des Révolutionnaires.

D'ailleurs cette tactique, qui, si elle était pratiquée chez les radicaux, serait capable de faire passer un candidat du plus beau rouge au plus beau blanc, n'a point le même inconvénient avec un vrai Français, catholique, monarchiste.

Gambetta a expérimenté cette manœuvre pendant la guerre. Il savait qu'il aurait beau taquiner, insulter, persécuter les monarchistes et les *cléricaux*, il ne les ferait pas passer à l'ennemi, et ne les empêcherait pas au contraire de verser leur sang pour Dieu et la Patrie.

De même, en temps d'élections, que se dit un

candidat chrétien, devant Dieu et devant sa conscience ?

Ce serait lâcheté de déserter le poste ; ce serait présomption de le rechercher. Si l'on me choisit, je ferai de mon mieux pour être élu ; si je le suis, pour répondre à la confiance de mes concitoyens. Si je ne suis pas choisi, je n'irai pas me présenter quand même, pour aller me charger de la responsabilité d'un échec, ou, dans le cas contraire, m'entendre reprocher mes votes, qui ne pourront jamais être, quels qu'ils soient, du goût de tout le monde.

Dès lors, il se met à la disposition des électeurs, sans intriguer, comme sans refuser la corvée, qui n'a du reste rien de tentant dans le moment actuel. Il s'en remet à la volonté de Dieu, n'a de rancune contre personne ; car, a dit Thiers « La haine abaisse les hommes, » et se console par la tranquillité de sa conscience et l'estime des honnêtes gens.

D'ailleurs, telles que sont les élections, et telles qu'on devait les prévoir, que faire à la nouvelle Chambre, si toutefois même elle se réunit ?

Sans doute une solution est possible, mais elle ne peut s'obtenir que par la violence. Or, quand on ne peut approuver, ni la force qui amène la Commune, ni celle qui accomplit le Coup-d'Etat, quand on ne veut que ce qui est, le *Droit*, mais qu'on est en face d'une majorité qui n'en veut pas, la position est impossible.

Dans ce cas, il n'y a plus qu'à espérer en la miséricorde de Dieu, qui daigne éclairer notre pays, et à répéter cette parole de saint Paul, citée par Monseigneur d'Orléans à la fin de sa Lettre si française : *spero meliora, et viciniora salutis :* J'espère un avenir meilleur, et un salut prochain. »

Il n'y a pas besoin d'être candidat pour cela. C'est le devoir de tout bon citoyen, comme c'est aussi notre devoir, quoiqu'il nous soit arrivé, et quoiqu'il nous arrive, de nous tenir prêts à combattre le bon combat.

C'est d'ailleurs une immense folie de compter ici-bas sur la reconnaissance des hommes, et ce serait un crime de cesser, quand elle vous manque, de servir Dieu et le pays.

Nous avons trouvé dans Châteaubriand sur ce sujet ces paroles admirables, qui nous ont fait trop de bien, pour ne pas espérer qu'elles en feront autant à nos lecteurs :

« Quoi ! vous seriez découragés parce que vos sacrifices sont méconnus ! Mais, s'ils étaient payés ces sacrifices, que seriez-vous ? Occuperiez-vous ce haut rang que la vertu vous donne et que la postérité vous conservera ? Lorsque, dans les champs de la Vendée et de la Bretagne, vos pères, vos frères, vos fils tombaient en criant : Vive le Roi ! quand ils mouraient dans les prisons ; quand

ils versaient leur sang sur l'échafaud, songeaient-
ils à la récompense que méritait leur fidélité ?.......
Royalistes, vous avez pour vous la force de la
justice éternelle et la paix de la bonne conscience:
vous êtes donc puissants et heureux. »

L'âme restée chrétienne et française s'élève, à
ces nobles pensées, si haut qu'elle n'aperçoit plus
les petites habiletés des *politiques*, ni le triste
résultat des Elections.

X.

La Vérité et la Peur.

« J'ai détesté l'injustice et j'ai aimé la vérité, voilà
pourquoi je meurs dans l'exil.

Ainsi s'exprimait le grand Pape Grégoire VII : ainsi
pourra s'exprimer le chef de la Maison de France, si
notre pays doit avoir la honte criminelle de voir arriver
un aussi grand malheur : ainsi s'exprimera encore le
glorieux Prisonnier du Vatican, si la main de Dieu ne
vient briser ses chaînes ; car la prison n'est autre chose
que l'exil à l'intérieur.

Cet amour de l'injustice, cette haine de la vérité qui
régnaient au siècle du courageux Hildebrand n'étaient
assurément pas plus fortes que ce qui règne dans notre
siècle révolutionnaire et égoïste.

La cause en vient de la *peur*. On a peur de l'impopu-

arité, peur des radicaux, peur de M. de Bismarck, peur
e tout, excepté de Dieu.

Et, parce qu'il nous manque cette seule peur salutaire
ue nous devrions avoir, nous ne possédons plus un atôme
e bon sens, ainsi que nous l'a prédit l'Ecriture, par la
ouche de David : « *Initium sapientiæ timor Domini ;*
a crainte du Seigneur est le commencement de la
agesse. »

Non-seulemeut Dieu a permis, pour le punir, que le
iècle soit affolé ; mais voilà que la peur qui le ronge, le
ait justement se livrer à tous ceux dont il a peur.

Le désir de la popularité fait que le candidat sans
rincipes se livre à ses électeurs corps et âme ; il devient
ue machine à voter, dont le levier est entre les mains de
eux qui l'ont nommé. Pour obtenir ce résultat, il a dû
ouvent violenter sa conscience ; pour conserver son
nandat, il lui faudra voter même contre sa raison, son
levoir, son reste de patriotisme. En vain prévoira-t-il les
onséquences désastreuses pour son pays, pour ses propres
ntérêts, qui en découlent, la crainte de n'être pas
enommé d'être en revanche conspué, injurié, traité de
éac, est là qui l'enchaîne et le pousse aux abîmes.

Et voilà à quel degré d'esclavage les hommes, qui ne
parlent que de liberté, réduisent l'insensé qui a eu la
folie de se livrer à eux.

La peur des radicaux ne rend pas moins leurs esclaves
les prétendus conservateurs, qui en sont rongés. En effet,
au lieu de prendre pour marcher contre le radicalisme,
es hommes qui toute leur vie ont combattu cette lèpre

sous toutes les formes, ils les abandonnent, craignant que ceux-ci ne les *compromettent*.

Mais ne voit-on pas cependant que ces hommes, par l'habitude qu'ils ont de lutter contre nos ennemis, sont arrivés à les connaître mieux que personne ; qu'en les abandonnant, c'est combler de joie les radicaux ; que ces enfants des ténèbres, bien plus prudents que les enfants de la lumière, se garderaient bien, eux, de lâcher ceux de leurs chefs qui ont le plus battu en brèche la Religion, le Pouvoir et la Société ?

Mais non, les conservateurs, dans la peur d'irriter leurs ennemis, sacrifient leurs meilleurs amis ; et le proverbe nous enseigne « qu'on ne raisonne pas avec la peur. »

Ne dirait-on pas ces bergers aveugles, qui tueraient ceux de leurs chiens qui sont le plus craints et haïs des loups, pour faire plaisir à ces gloutons ?

Voilà justement ce qui fait l'audace des radicaux, prépare leur triomphe et nous rendra leurs victimes.

Le plus grave, c'est que la peur de M. de Bismarck rend de même tant de Français ses alliés, en attendant qu'ils redeviennent aussi ses victimes.

Que veut en effet le nouvel Attila, ce fléau que le Ciel a envoyé, comme dit le poète, « pour punir les crimes de la terre ! » Ecoutons-le lui-même :

« Il faut, écrivait-il à d'Arnim, à l'Allemagne une France *faible* ; et la France ne saurait être plus faible que sous le *Gouvernement républicain.* »

Et ailleurs : « La France monarchiquement constituée

serait pour nous un danger bien *plus grand* que celui que le contact des institutions républicaines pourrait faire surgir. Le spectacle que ces institutions nous présentent est plutôt fait pour servir *d'épouvantail.* »

Et encore : « Nos intérêts exigent que la France ne puisse pas trouver *d'alliances.* Tant qu'elle n'aura pas d'alliés, nous n'avons rien à craindre d'elle. Tant que la France sera en *République,* elle trouvera difficilement *un* allié parmi les États monarchiques. »

L'avons-nous assez expérimenté dans la dernière guerre ?

Ailleurs, M. de Bismarck devient ironique et cruel : « Je suis persuadé qu'aucun Français ne songerait jamais à nous aider à reconquérir les *bienfaits* d'une monarchie, si Dieu faisait peser sur nous les *misères* d'une anarchie républicaine. »

Pour la France monarchique, M. de Bismark, vous avez raison ; mais les radicaux en seraient capables ; ils sont si bien habitués à faire vos affaires ! Vous parlez *d'alliés !* Ah ! les révolutionnaires français sont bien vos meilleurs en Europe !

C'est ainsi donc que la peur de nos ennemis nous fait nous livrer à eux, à l'intérieur comme à l'extérieur. Voilà la vérité, voilà ce qu'on ne veut pas dire, parce que *la masse* a horreur de l'entendre ; comme ces médecins insensés, qui cachent au malade son état, de peur de *l'affecter*, et le conduisent ainsi aimablement, mais fatalement au tombeau.

Sans doute il n'est pas agréable de chercher à démontrer à ses compatriotes leurs erreurs. L'homme qui, avant tout, ne voit que lui, veut arriver, devenir populaire pour devenir député, s'en garde bien ; car a dit Tacite : « Les hommes pardonnent une injure, mais jamais qu'on leur ait prouvé qu'ils avaient tort. »

Cependant quiconque, préférant le bien de son pays à son ambition, veut servir le peuple, et non se servir de lui, ne craint pas de lui dire la vérité, quelque tort que lui ait fait sa franchise, et qu'il prévoie qu'elle lui en fera encore.

Toutefois, il ne la dira qu'en temps opportun. Il saura se taire, par exemple, dans les moments où le Gouvernement fait une expérience, comme celle des élections dernières. Et aussi il ne la dira pas tout entière, sachant qu'en certain cas elle fait du mal, selon le proverbe : « Toute vérité n'est pas bonne à dire. »

Mais il préférera au succès acquis par le mensonge et la flatterie qui le tuent, le dédain qu'on s'attire en voulant éclairer ses concitoyens.

Son cœur rendra la charité pour la haine, le bien pour le mal, et restera insensible aux jugements injustes des hommes, et fort de la conscience du devoir accompli.

D'ailleurs, que lui importe la critique humaine ! Il se consolera par cette pensée de Tertullien : « Les hommes nous condamnent, mais Dieu nous absout. »

Dès lors, contrairement aux sentiments de son siècle, il n'aimera que la vérité, et n'aura peur que des jugements de Dieu.

XI.

Le Maréchal a pour lui l'armée

Ce ne sont évidemment pas les sophismes politiques qui nous sauveront, le jour où, enhardi par les concessions, le radicalisme viendra chercher dans l'émeute le couronnement du plan parfaitement logique qu'il poursuit.

Ce jour cependant ne peut manquer d'arriver ; écoutez ce que nous dit à ce sujet un des plus profonds penseurs des temps modernes, Donoso-Cortès : « Un jour arrive, où le peuple, poussé par tous ses instincts, se répand sur les places publiques, demandant résolûment *Barabbas* ou *Jésus*, et roulant dans la poussière la chaire des *sophistes*. »

Mais, nous répond-on, c'est à ce moment que le Maréchal fera appel à l'armée, qui l'adore.

Sans doute cet espoir est fondé ; car grâce à Dieu ce corps qui se reforme dans la discipline, est resté, avec la magistrature et le clergé, ce qu'il y a de meilleur en France ; parce qu'on a eu la sagesse et la prudence de le mettre en dehors des questions politiques qui nous divisent et qui nous tuent.

Dans une bataille, écrivait un païen, Xénophon, « ceux qui craignent le plus les Dieux, sont ceux qui craignent le moins les hommes. »

Heureusement la milice française a conservé le respect de Dieu ; elle ne partage pas la haine des radicaux contre la religion, ni contre cette milice sacrée, qu'elle voit se dévouer, comme elle, pour la défense des vrais principes nationaux, qu'elle a vue aussi sur les champs de batailles, à ses côtés, si vaillante, si calme, si empressée à relever ses blessés et à donner à ses mourants l'espérance et le pardon.

Grâce à Dieu, l'armée possède encore, avec la discipline, les deux grands sentiments qui donnent la force : la Foi et le Patriotisme.

Cependant tous les yeux clairvoyants le voient depuis longtemps, c'est vers elle que s'acharnent le plus, après le clergé, les efforts corrupteurs de la Révolution.

En face de l'ennemi, n'a-t-on pas vu tous ces poltrons, qui ne se battaient pas, s'efforcer d'exciter à la révolte contre leurs chefs ceux qui combattaient, avec ces bruits insensés et perfides de *trahison?*

Cette infâme manœuvre n'est pas nouvelle : il y a longtemps que l'ignoble Marat, encore un aïeul de nos Communards, écrivait : « Mon *espoir* est que l'armée ouvrira les yeux, et qu'elle sentira que la première chose qu'elle ait à faire, c'est de *massacrer ses généraux.* »

Voilà les conseils, aussi mauvais qu'eux-mêmes, que les hommes de la Révolution donnent à l'armée.

Sans doute elle connaît trop le glorieux vainqueur de Malakoff et de Solférino, l'héroïque blessé de Sedan, pour les écouter ; mais, malheureusement, le Maréchal Mac-Mahon n'est pas plus immortel que M. Thiers, quoiqu'il fût académicien. Qu'arriverait-il s'il venait à disparaître ?

Évidemment une Chambre, contenant une majorité

révolutionnaire, ne manquerait pas tout d'abord de licencier l'armée. Et que ferait alors, à notre époque où toutes les convictions sont si ébranlées, les principes si affaiblis, le soldat ainsi placé entre la porte ouverte et le devoir ?

On voit quelle nécessité il y a de fortifier dans l'armée ce grand sentiment du devoir, reposant sur ce qu'on doit à Dieu et à la Patrie.

Un ministre de la guerre le disait à la tribune : « Enlevez au soldat l'espoir de la récompense dans une vie meilleure, et de quel droit viendrez-vous lui demander, après cela le sacrifice de la vie présente ? »

Voyez comme en Allemagne, en Russie, même chez les Turcs, on a pris soin de conserver dans l'âme des guerriers la croyance en Dieu et l'espérance d'un état meilleur après la mort. Aussi voyez comme ils combattent. »

C'est pour cela que David s'écriait : « Si le combat s'engage, j'espérerai en toi, ô mon Dieu, » et « lorsque les camps se dresseront devant moi, mon cœur sera sans crainte. »

Il faut donc qu'une armée sache au nom de qui, et pour qui elle combat. La Foi lui assure la victoire ; l'incrédulité, la défaite.

XII.

Ce par quoi on eût dû commencer.

Dans l'expérience électorale que le Gouvernement vient

de tenter, avec si peu de succès, on a commis une faute capitale, qui sautait aux yeux des hommes qui réfléchissent, mais malheureusement pas des politiques.

On a commencé par où l'on aurait dû finir.

On ne construit pas une maison, encore moins essaie-t-on de la couvrir, sans avoir d'abord assuré la solidité des fondations. On n'élève pas un Gouvernement stable sans avoir d'abord constaté que l'état moral qui fait la base sociale, est capable de le porter.

M. Le Play nous dit : « La France est entre les nations européennes la moins portée à l'égalité. » C'est pour cela que le lendemain d'une Révolution, qui devait, disait-on, mettre tous les hommes égaux, on voit que ceux qui l'ont accomplie, ne l'ont faite que pour s'élever au-dessus des autres.

Or, constate-t-il dans un autre passage : « Chacun sait que ceux qui commencent à s'élever traitent leurs égaux de la veille avec une dureté toujours rare chez les hommes placés, dès leur naissance, dans une situation élevée. »

Il fallait donc d'abord épurer toutes les administrations qui régissent le peuple, et fermer impitoyablement la bouche à *tous* les braillards qui cherchent à le corrompre et à l'entraîner à la révolte.

Il fallait arracher l'ouvrier à l'influence de ces agents de l'Internationale, qui l'enrôlent, souvent malgré lui, dans les rangs de leur organisation athée et anti-sociale.

Partout où des hommes de dévouement, comme M. de Mun, établissaient des associations honnêtes et utiles, pour les travailleurs, on devait les appuyer, les aider, les protéger avec zèle. C'était là un point capital.

« Si l'intelligence et le caractère sont ici-bas deux grandes forces, l'homme n'a sa toute-puissance et son élévation que par son cœur, » nous enseigne Monseigneur Freppel.

C'était donc un devoir, après avoir préservé l'intelligence du citoyen, par la suppression des mauvaises doctrines et des mauvais journaux, son caractère en éloignant de lui tous les hommes qui cherchent à l'abaisser pour le perdre, de supprimer *partout* ces gravures, ces chansons, ces spectacles·immoraux qui corrompent son cœur.

Car, nous le dit l'éloquent philosophe et sénateur de Toulouse, M. de Belcastel : « L'étalage du vice est un fléau public. » Nous sommes trop à même de le constater chaque jour, nombre d'enfants sont plus instruits dans le vice que ne l'étaient les jeunes gens jadis.

Marceau écrivait à Lamoricière : « A mes yeux le parti de l'ordre ne diffère du parti socialiste qu'en ce qu'il veut garder ce que l'autre veut prendre. Mais il n'en est pas moins un parti de désordre, attendu que l'ordre ne se trouve que là où est la justice. »

Comprenant cette vérité que l'ordre ne doit pas seulement être matériel, mais s'appuyer sur le droit, il fallait rétablir le droit partout où il pouvait être rétabli et frapper impitoyablement tous ceux qui cherchaient à l'éluder où à le détruire.

Le mal est d'abord qu'on n'a essayé d'obtenir ces résultats que par des demi-mesures, ensuite sur certains points *seulement*, enfin beaucoup trop tard.

Or, sous ces conditions essentielles, garantissant que le peuple, débarrassé des prôneurs radicaux et immoraux, rendu à lui-même, à sa foi, à son patriotisme, à son bon sens, à l'intelligence de ses intérêts, était mûr pour faire avec réflexion un acte aussi important que de décider, par son vote, des destinées de la patrie, il fallait toutes les illusions des sophistes politiques, pour espérer un autre résultat que celui que déplorent tous les bons Français.

XIII.

Où est donc le Nombre ?

Un journal allemand, le *Vaterland*, de Vienne, fait cette frappante remarque : « Les *trente-cinq millions* de Catholiques ont en face d'eux un peu moins de sept cent mille adversaires, juifs, protestants, *Bismarkiens français*. » (sic).

Nous livrons cette réflexion, rigoureusement exacte, aux méditations des amateurs du suffrage universel.

Evidemment, s'ils sont logiques, ils doivent en conclure que le Gouvernement, qui sort de ces trente-cinq millions de suffrages, doit avant tout être foncièrement catholique.

C'est ce qui devrait être, et cependant ce qui n'est pas, par cette simple raison que le produit du vote universel n'a jamais représenté et ne représentera jamais les opinions de la masse, mais bien celles du petit nombre des meneurs, qui, dans le moment, la trompent, l'aveuglent, et la poussent vers un résultat que, laissée à elle-même, elle n'eût jamais voulu obtenir.

Ainsi, suivant que la direction qu'elle reçoit change, elle détruit le lendemain ce qu'elle a édifié la veille ; en moins de huit ans, ses élus ont été Bonapartistes, Monarchistes ou Républicains. C'est la carafe, qui devient blanche, rouge ou bleue, suivant qu'on y verse de l'eau, du sang, ou du sulfate de cuivre.

Malheureusement, ces changements de l'opinion et des gouvernements ne se font pas, sans laisser en France de profondes blessures ; et plus ils se rapprochent, plus elle s'affaiblit.

Il est curieux d'entendre l'aveu d'un citoyen de la libre Amérique, de cette *République-modèle* des Etats-Unis, dont parlent sans cesse nos démagogues, surtout ceux qui ne l'ont jamais étudiée. Voici donc ce qu'écrit Moncure Cowey : « La liste civile d'une Reine peut être onéreuse ; mais elle se paie en argent. L'élection d'un président coûte non-seulement autant d'argent ; mais encore l'honneur et la réputation d'hommes éminents. »

Qu'en pensent tous nos politiques éphémères, qui, un jour au pinacle, tombent le lendemain avec leurs systèmes et leurs prétendants, condamnés par un vote, dans la solitude, l'indifférence et le mépris ?

Si encore les élections se passaient en France comme. aux Etats-Unis ! Mais combien de lois de ce pays, si vanté, soulèveraient la ré probation universelle chez nous

N'en citons qu'un exemple. Sait-on que, dans cette République, les cabarets sont fermés vingt-quatre heures
avant l'élection. Allez donc rétablir cette loi en France !
Et cependant on ne peut que l'approuver, quand on songe
aux résultats des abus alcooliques.

Les statistiques médicales constatent que c'est, parce que
souvent les parents étaient ivres l'un ou l'autre, quelquefois
tous les deux, au moment de la génération, que l'on voit tant
d'enfants acéphales, (sans tête), idiots ou mal constitués.
Que de fois la même cause chez les électeurs a produit
des élus affligés des mêmes infirmités ! Au scrutin dix
ivrognes auront toujours la majorité sur neuf électeurs
jouissant de leur raison et de leur bon sens.

En quel état d'abaissement est une nation, où l'on voit
les candidats espérer, pour être nommés, que leurs électeurs auront ainsi perdu l'usage de leur raison !

Voilà pourtant ce que produit cette loi du nombre, ce
suffrage universel, dont la Révolution avait promis de si
belles merveilles. Aussi un publiciste de talent, M. Em.
Montégut, constatait-il dans un organe, qui cependant
n'est pas réactionnaire, la Revue des Deux-Mondes,
« qu'il n'est pas une de ses promesses que la Révolution
n'ait été *impuissante* à tenir, un seul de ses principes
qui n'ait engendré *le contraire* de lui-même, et produit
la conséquence qu'il voulait *éviter*. De quelque côté que
l'on regarde, *l'avortement est complet*. »

C'est qu'il ne suffit pas de renverser les Pouvoirs, que
Dieu avait consacrés par la prospérité et par le temps,
pour remplacer l'ordre voulu par la Providence ; il fau-

drait arriver à surprendre et à pouvoir appliquer ses secrets. C'est ce que les hommes, livrés à leurs seules ressources, n'ont jamais pu et ne pourront jamais obtenir.

Aussi lisons-nous, au livre de la Sagesse, cet aveu de l'impuissance humaine : « J'ai compris qu'il n'est pas au pouvoir de l'homme de trouver la raison de ce que fait Dieu. Plus il y travaillera, moins il trouvera. »

En 1789, on demandait en France des réformes. Sans doute il y en avait à faire ; et, ni le Roi, ni le Clergé, ni la Noblesse, ne s'y refusaient. Nous en trouvons l'aveu dans un journal qui n'est ni clérical, ni royaliste, la *Liberté*, (nous préférons, du reste, ce genre de témoignages pris chez nos adversaires). Nous y avons donc lu : « Sous l'ancienne monarchie, la représentation des intérêts ne laissait rien à désirer : le décret de convocation des Etats de 1789 est un *chef-d'œuvre* du genre. »

Un économiste d'un grand talent et d'une grande logique, M. Le Play, l'organisateur de la dernière grande Exposition, nous dit de son côté : « Plus on étudiera l'ancien régime dans les *documents* que le temps a conservés, ou dans les *institutions* qui sont en vigueur, et plus on se convaincra que, tout en accordant des privilèges à quelques familles, il tendait *surtout* à assurer *l'égalité aux masses.* »

Aujourd'hui que l'on a inventé le suffrage universel en *faveur*, dit-on, *des masses*, y a-t-il plus d'égalité ?

Non, c'est qu'il n'appartient point au nombre de gouverner le Chef ; mais au Chef de gouverner le Nombre. Partout où l'on veut conserver l'ordre, et dans l'armée, et dans la magistrature, et dans la famille, et dans l'atelier, comme aussi dans l'Etat, il faut qu'il y ait une tête qui commande aux membres qui obéissent. »

XIV,

Conclusion.

Que résulte-t-il de toutes ces vérités ? Et qu'avons-nous à faire ?

L'histoire, « sans le secours de laquelle, dit Dom Morice, l'homme vivrait en étranger dans sa propre patrie, » nous montre, d'accord avec la raison, à quoi et à qui il faudrait revenir.

Mais, à notre époque, l'histoire est détrônée par le roman, et le bon sens par la folie.

Aimons, respectons ce qu'aimaient et respectaient nos aïeux qui, s'ils revenaient, rougiraient de leurs petits-fils. De leur temps la France était grande et glorieuse.

« On ne refait pas plus le tempérament d'un peuple que celui d'un individu, nous dit Monseigneur Freppel, à la haute autorité duquel nous aimons à avoir recours, et il est impossible d'arracher un organe essentiel, vital, d'une nation, sans la frapper à mort. »

Travaillons donc à ranimer dans le sein de la France cet organe, sans lequel elle ne saurait longtemps survivre. Et pour cela faisons le bien, rendons des services, soyons tout à tous, prodiguons-nous, multiplions-nous, pour faire aimer par notre dévouement au bien public les principes qui nous l'inspirent.

N'ayons point cette rancune anti-chrétienne qui nous ferait cesser de faire le bien, parce que la masse ne s'est pas montrée reconnaissante de nos bienfaits.

· Si nous ne pouvons réussir à opérer le bien dans le présent, du moins préparons-le pour l'avenir.

Agissons avec le Gouvernement sans parti-pris, le soutenant dans tout ce qui est juste, utile, nécessaire pour le pays, l'encourageant même, quand il est dans la bonne voie, mais laissant aux politiques l'exécution et la responsabilité des *expériences* qu'ils pourront tenter, en dehors des principes.

Le parti-pris ! voilà encore une de nos plaies ! On ne juge pas l'homme par ses actes ou par ses paroles ; mais on juge ses actes et ses paroles par le parti-pris qu'on a envers lui.

Rappelons-nous que nous ne devons pas laisser dégrader, ni détruire la maison (tous les théologiens et les philosophes sont d'accord sur ce point), en quelles mains qu'elle tombe, afin que son légitime possesseur la trouve dans le meilleur état possible, lorsqu'il y reviendra.

Demandons à Dieu qu'il éclaire le peuple, et ne négligeons rien pour y contribuer.

Surtout ne nous décourageons pas. Méditons ce conseil d'un des hommes les plus honnêtes et les plus patriotes qui aient occupé le ministère dans ces derniers jours, M. de Larcy : « Il est des temps où il faut savoir combattre, même avec la certitude de succomber. Les défaites d'un moment, supportées avec courage, présagent et préparent souvent les revanches pour des jours meilleurs. »

Ne craignons point la persécution. La persécution, c'est l'hiver qui purifie les âmes de tout ce qui était souillé ou desséché, pour les faire mourir au monde, rentrer en elles, et devenir capables de recevoir la sève, qui produira les feuilles du printemps, les fleurs de l'été et les fruits de l'automne; c'est-à-dire les bons désirs, les bonnes pensées, les bonnes actions.

Surtout n'appelons point des malheurs sur notre pays, espérant qu'ils lui ouvriraient les yeux, et accéléreraient le triomphe : au contraire, faisons *tout* pour les lui éviter. Nos propres fautes doivent nous faire craindre la justice de Dieu ; n'invoquons donc que sa miséricorde.

Croyons fermement que tôt ou tard le salut viendra.

Trop d'âmes prient, travaillent, expient et nous le méritent, sur cette noble terre de France. Faisons comme elles ; nous ne pourrions être en meilleure compagnie.

Combattons l'égoïsme par le patriotisme le plus ardent. Laissons les politiques à leurs intrigues et à leurs habiletés ; enfants de la lumière, agissons au grand jour. Et pour cela, que ni nos actes ni nos paroles n'aient rien à craindre.

La contradiction entre leurs actions et leurs principes est ce qui fait le plus de mal au peuple, venant de ceux qui se disent les conservateurs.

Dieu est là qui protége la France, comme il l'a toujours

protégée ; et, près de lui, Louis IX, le Roi-Saint, Louis XVI, le Roi-Martyr, pour la tenir toujours présente à sa pensée.

Enfin, si notre confiance faiblissait, relevons-nous par cette parole de notre plus mortel ennemi, M. de Bismarck, auquel est échappé ce prophétique aveu : « Le vaisseau des *fous libéraux* se brisera contre le *Rocher de l'Eglise.* »

CH. TRESVAUX DU FRAVAL.

18 octobre 1877.